AENEAS APPIUS

DUATHLET

AENEAS APPIUS

DUATHLET

Ein verlässlicher Dynamo
weit über die Sportwelt hinaus

Lektorat: Marcel Nickler
Korrektorat: Guido Appius
Cartoons: Tamino Appius
Umschlag: Aeneas Appius

Verlag: BoD • Books on Demand GmbH, In de Tarpen 42, 22848 Norderstedt
Druck: Libri Plureos GmbH, Friedensallee 273, 22763 Hamburg

ISBN: 978-3-7597-1391-9

INHALTSVERZEICHNIS

ÜBER DEN AUTOR

Erfolg ist planbar, lernbar und Kopfsache

Aeneas Appius, geboren 1960 in Basel, Schweiz, begann seine sportliche Karriere als Fussballspieler. Im Alter von 38 Jahren wechselte er vom Teamsportler zum Einzelsportler und arbeitete sich in nur wenigen Jahren an die nationalen Spitze in seiner Alterskategorie im Laufsport hoch. Nach einer erneuten Achillessehnenoperation entflammte in ihm die Passion für Run-Bike-Run. Mit grosser Lernbereitschaft und breiter Unterstützung der Swiss Duathlon Community forderte er schon bald die erfahrenen Spitzenathleten an internationalen Meisterschaften.

Nach nunmehr 25 Jahren Ausdauerleistungssport weisst sein Palmares bereits über 280 Rennsiege und über 50 Meisterschaftsmedaillen in unterschiedlichen Altersklassen aus. Er siegte bei internationalen City Marathons, Radrennen, Einzelzeitfahren, Sprint Triathlons und darf sich 3-facher Duathlon Sprint Weltmeister, 4-facher Duathlon Sprint & Standard Europameister, 4-facher Duathlon Schweizermeister sowie 9-facher Schweizermeister in unterschiedlichen Laufdisziplinen nennen.

Über Jahrzehnte hinweg analysierte er die Erfolgsgeschichten von uns inspirierenden Menschen und verfasste 2022 sein erstes Sachbuch «WINNING SPIRIT». Der Ratgeber offenbart die 7 Prinzipen des Erfolgs und vermittelt dem Leser, wie er die Energie des positiven Denkens als Antriebskraft zur Erreichung von grossen Zielen nutzen kann. www.pantherstrategy.ch

Aktuell engagiert er sich für die Förderung von Run-Bike-Run als Swiss Duathlon Age Group Manager, betreibt die IG Swiss Duathlon und unterstützt ambitionierte Athleten in der Zielerreichung und der Wettkampftaktik.

Als Unternehmensberater, Motivation und Performance Coach begleitet er Firmen, Organisationen und Personen bei der Erfolgsplanung und -erreichung und verbreitet als Gastreferent den Winning Spirit.

EINLEITUNG

Lebe deine Leidenschaft!

Das Exposé «DUATHLET» wurde bewusst aus der Optik eines Athleten verfasst. Es enthält die wichtigsten Eigenschaften und Anforderungen eines Sportlers, vermittelt Erfahrungen sowie Ratschläge und zeigt die Faszination dieser Sportart auf.

Duathlon ist eine Ausdauersportart in der Kombination von Laufen-Radfahren-Laufen, besser bekannt heute unter dem Begriff **«Run-Bike-Run»**. Weltweit wird dieser beliebte Volkssport bereits im Schulalter im Sportfach unterrichtet. Der Duathlet benötigt lediglich eine Sportausrüstung bestehend aus Laufbekleidung, Lauf- und Radschuhe sowie ein Fahrrad mit Helm. Der Duathlon ist bei Kindern, Jugendlichen, Familien, Einsteigern, Breitensportlern, Leistungssportlern und geschlechterübergreifend gleichermassen beliebt. Jung und Alt können sich in unterschiedlichen Kategorien an einem Duathlon-Wettkampf messen. Die dadurch entstehende familiäre Atmosphäre wird von den Athleten, Supportern, Gönnern und Zuschauern sehr geschätzt.

Der Ablauf eines Duathlons erfolgt ohne externe Hilfe und ohne die Stoppuhr beim Wechsel der einzelnen Disziplinen anzuhalten. Normalerweise werden die Duathleten mit einem Massenstart auf die erste Laufstrecke gesendet. Final abgerechnet wird jeweils erst im Ziel und dies in unterschiedlichen Leistungs- und Altersklassen. Die Zwischenzeiten der einzelnen Disziplinen geben dem Athleten wertvolle Anhaltspunkte für die Rennanalyse.

Die Faszination und Herausforderung beim Duathlon bestehen darin, eine vorgegebene Strecke allein und möglichst schnell zu absolvieren. Dabei gewinnt nicht der beste Läufer oder der schnellste Radfahrer, sondern derjenige, welcher seine Leistungsmöglichkeiten am besten und klügsten einsetzt.

Heute versucht ein Duathlon-Veranstalter möglichst viele Ausdauersportler anzusprechen. Ein Duathlon findet deshalb oft nicht nur als Einzelanlass statt. An grösseren nationalen und internationalen

Multisportveranstaltungen können mehrere Sportdisziplinen wie Radrennen, Triathlon, Laufrennen und Duathlon ausgeübt werden. Die Anzahl der Duathlon-Veranstaltungen, im Vergleich zu Radrennen, Laufanlässen und Triathlons, ist allerdings markant kleiner. Dadurch werden in einer Saison vielfach national kleine Duathlon-Serien mit Einzel- und Seriengesamtwertungen in unterschiedlichen Altersklassen angeboten, was eine zusätzlich attraktive Komponente für die Duathleten mit sich bringt. Die Veranstaltungen variieren weltweit in den unterschiedlichen Distanzen und Topologien, was für viel Abwechslung und ebenfalls für unterschiedliche Herausforderungen sorgt.

An Duathlon-Meisterschaften orientiert man sich an die von World Triathlon definierten Standardstreckenlängen. Ein Sprint Duathlon wird über die Distanz 5km-20km-2.5km, ein Standard Duathlon über 10km-40km-5km und ein Powerman (Mitteldistanz) über 10km-60km-10km durchgeführt. Der härteste und längste Duathlon Wettkampf der Welt wird aktuell jährlich in Zofingen, Schweiz anlässlich der Langdistanz Weltmeisterschaften über 10km-150km-30km ausgetragen.

Duathlon-Einsteiger haben bereits im Laufsport und oder im Radsport erste Wettkampferfahrungen gesammelt und wagen sich an die neue Kombinationsherausforderung Run-Bike-Run.

Der erfahrene Duathlet verkörpert die Essenz eines Dynamos, stets bestrebt, seinen Energiehaushalt zu optimieren. Wie ein kraftvoller Dynamo im Stromnetz strebt der Duathlet danach, seine Energiereserven effizient zu nutzen, sei es auf den Laufstrecken oder der Radfahrt. Mit grosser Leidenschaft und zielgerichteter Hingabe widmet er sich seinem Sport, überwindet Herausforderungen und erreicht beeindruckende Meilensteine. Die Fähigkeit des Duathleten, den Energiefluss zu steuern, spiegelt sich in seinem ganzheitlichen Ansatz wider. Durch kontinuierliche Optimierung seines Trainings, seiner mentalen Stärke und seiner Lebensgewohnheiten wird er zu einem stabilen Dynamo, der nicht nur sich selbst antreibt, sondern auch viel positive Energie an seine Umgebung abgibt. Seine Disziplin und Zielfokussierung empfehlen ihn als zuverlässige Persönlichkeit im Berufs- und Privatleben.

Der Duathlon als Lebensphilosophie, der Duathlet als Dynamo, eine faszinierende Symbiose von Leistungsfähigkeit und Energiemanagement.

Was ein erfahrener Duathlet in der Lage ist zu leisten, und wie er seine Sportart erlebt, versucht dieser Fachbeitrag zu beschreiben und zu ergründen.

Melanie Maurer, Duathlon Weltmeisterin Elite über die Langdistanz, Zofingen SUI und die Mitteldistanz, Viborg DEN im Jahre 2022

DIE VIER BASISELEMENTE

Du kannst viel mehr, als du dir zutraust.

Der Duathlet ist bereits ein (erfolgreicher) Langstreckenläufer und Radfahrer. Er praktiziert während des gesamten Jahres Langstreckenläufe und Radfahrten (Rennrad, Mountainbike und Zeitfahrrad) und nimmt sowohl an Lauf- wie auch an Radveranstaltungen teil. Seine Erfahrungen aus diesen beiden Sportarten bringt er in die Kombination Run-Bike-Run ein. Dazu trainiert und simuliert er, zusätzlich zu den konventionellen Disziplinen, den mehrfachen Sportartwechsel und sein Energiemanagement ausführlich mittels intensiven Koppeltrainings. Als Mehrkampf-Ausdauersportler kann er sich mit Gleichgesinnten weltweit an Duathlon-Veranstaltungen messen.

Der Duathlet ist ein Wettkampfsportler. «Ich gehe mal Laufen oder Radfahren», ist schnell gesagt und getan. Ich absolviere einen Duathlon, ist jedoch eine wesentlich komplexere und grössere sportliche Herausforderung. Wer trainiert schon gerne über das ganze Jahr hinweg unterschiedliche Sportarten und Disziplinen, ohne die gewonnenen Fähigkeiten überhaupt je einmal anwenden zu können. Der Duathlet benötigt hierfür eine Duathlon-Veranstaltung mit markierter Lauf- und Radstrecke inklusive Wechselzone, damit er seine Leistungsfähigkeit unter Beweis stellen kann. Im Training kann er vieles simulieren, doch eine Wechselzone während eines sportlichen Anlasses mit vielen Teilnehmern ist schon etwas belebter und hat andere Dimensionen. Je nach Veranstaltungsgrösse entsteht eine hektische Dynamik, welche eine wesentlich höhere Konzentration vom Sportler in der Wechselzone und auf den Wettkampfstrecken fordert.

Der Duathlet ist das ganze Jahr als aktiver Sportler anzutreffen. Als geübter Multiausdauersportler trainiert er ganzjährig zusätzlich seine Koordination, Beweglichkeit, Stabilität, Schritt- und Trittfrequenz sowie Muskel- und Rumpfkraft. Je nach Wohnort ergänzt er sein Winterausdauertraining mit Indoor-Einheiten auf dem Rad-Rollentrainer, dem Laufband, der Rudermaschine und oder geniesst die schneebedeckte Landschaft beim Schneelaufen, Langlaufen und Skifahren. Duathlon Trainings und Wettkämpfe werden heutzutage zudem bereits ganzjährlich in der virtuellen Welt angeboten, wie zum Beispiel auf der Onlineplattform von Zwift.

Der Duathlet ist ein herausragender Solist. Er ist ein immer willkommener Einzelsportler mit herausragenden Fähigkeiten. Er trainiert nicht, um als Mitglied in einem Konzertensemble mitspielen zu können. Er verdient sich seine Anerkennung mit einem talentierten Soloauftritt. Als Teammitglied nimmt er allenfalls an einer Duathlon-Stafette und oder an einem Team-Relay Wettkampf teil. Da der Duathlon (noch) nicht zu den olympischen Sportarten zählt und es weltweit keine Profiliga gibt, ist das Medien- und Sponsoreninteresse im Vergleich zum Triathlon wesentlich geringer. Das sportliche Niveau hingegen ist trotz der schlechteren finanziellen Ausgangslage sowohl bei den Elite-Athleten wie bei den Altersklassen-Athleten enorm hoch. Da der internationale Trend zu kürzeren und attraktiveren Wettkampfformaten tendiert, ist jeder Athlet gefordert, seine Geschwindigkeit vor allem beim Laufen weiter zu erhöhen. Der Schlusslauf beim Duathlon wird so noch mehr zum Klassement entscheidender Soloauftritt.

(vlnr) Melanie Maurer, Edi Frauchiger & Stefan Marty, Locarno 2021

Benjamin Choquert, Duathlon Welt- und Europameister Elite
(Foto Fédération Française de Triathlon)

WAS EINEN DUATHLETEN BESONDERS AUSZEICHNET

Duathlet läuft, fährt und denkt

Als visionsgeführter Mensch verfügt der Duathlet über eine sportliche Vision. Duathlon ist seine Passion, die er mit enormer Begeisterung ausübt. Dabei spürt er immer wieder die grossen Gefühle der Freude. Dieser Zustand vermittelt ihm eine sehr wohltunende Zufriedenheit. Sein persönliches Wertesystem definiert die moralische Bandbreite und leitet ihn durch seine sportlichen Aktivitäten und sein Leben.

Der Duathlet zählt eher zu den Exoten in der riesigen Sportwelt. Er lebt eine sportliche Leidenschaft aus, die eine **hohe Entschlossenheit, Hingabe und Selbstdisziplin** voraussetzt. Er arbeitet an seinem (eisernen) Leidenswillen und seiner Resilienz, damit er regelmässig die von ihm definierten sportlichen Ziele im Training wie im Wettkampf erreichen kann. Da der menschliche Körper liebend gerne das Energiesparprogramm aktiviert, ist auch er gefordert, immer wieder seinen inneren Schweinehund zu überwinden.

Bei einem Duathlon mit Windschattenfahrverbot (Non-Drafting) auf der Radstrecke **hält der Duathlet die vorgegebenen Abstands- und Überholvorschriften ein**. Sich aus einer Rad-Rudelbildung wieder abzusetzen, ist nicht immer einfach. Er will sich bewusst jedoch keinen regelwidrigen Vorteil verschaffen und hält Abstand, so wie er dies im Training oft geübt hat. In der Regel bemerkt immer eine Person einen Regelverstoss.

Der Duathlet beachtet die Transition-Zonen-Fairness. Er will nicht behindert werden und hat daher keine Absicht, Mitstreiter zu stören. Alle Athleten sind beim Wechsel der Disziplinen in der Transition-Zone ohnehin bereits auf einem erhöhten Stress-Level. Sollte ein Missgeschick in der Wechselzone wie der unbeabsichtige Griff zur Ausrüstung des Nachbarn oder das Herunterwerfen eines Helms beim Einlaufen durch den engen Wechselzonenkorridor mit vielen aufgereihten Fahrräder passieren, so ist es Ehrensache, diesen Lapsus umgehend wieder zu korrigieren und die Ausgangslage wieder herzustellen.

Bereitstellung der Rennmaschinen und Laufschuhe in der Wechselzone

Der Duathlet sucht keinen bewussten Körperkontakt mit seinen Mitstreitern. Bei einer nicht beabsichtigten Berührung entschuldigt er sich. Verursacht er einen Sturz, so erachtet er es als seine Pflicht, umgehend Hilfeleistung anzubieten. **Er vermeidet bewusste Störung und Behinderungen sowie riskante Sturz provozierende Manöver.** Die Taktik, den Mitstreiter im Wettbewerb möglichst viel zu berühren, um seine Konzentration zu stören, ist im Duathlon sehr verpönt. Die Erfahrung zeigt, dass ein konzentrierter und fokussierter Mensch auf eine bewusste Störung mit einer instinktiven Gegenreaktion antwortet und tendenziell als Reaktion mehr Energie freisetzt.

Der Duathlet beabsichtigt nie, einen Widersacher bewusst auszubremsen oder ihn beim Überholen zu behindern, sei es beim Laufen oder Radfahren. **Er unterlässt das Blocking.** In Wettkämpfen mit Windschattenfahren (Drafting) werden oft mehrere Radrunden (Laps) in Gruppen gefahren und es herrscht viel Verkehr auf der Radstrecke. Die Überhol- und Überrundungssituationen nehmen zu. Ein schneller fahrender Duathlet prüft daher immer die sichere Machbarkeit des Überholmanövers vor einer Kurve oder einem Kreisel und überholt bei Rechtsverkehr links. Damit schnellere Radfahrer gut passieren können, fährt er wie im öffentlichen Verkehr auf der korrekten Strassenseite am Strassenrand. Schneidet er einmal die Kurve, so ist zuerst immer ein kurzer Blick nach hinten gefragt. Duathlon Wettkampfschiedsrichter überwachen die Fairness im Wettkampf sowie das Befolgen der Regeln und ahnden unfaire Manöver mit einer Strafe. In der Penalty-Box sitzt es sich zwar gut, doch die Zeit läuft weiter und der Ärger über das Malheur ist jeweils gross.

Der Duathlet verwendet technisch einwandfrei funktionierendes Material. Da Wettkämpfe bei fast jeder Witterung durchgeführt werden, trägt er dem Aspekt der Sicherheit hohe Beachtung, um sich selbst und andere nicht unnötig zu gefährden. Das Angebot von grenzwertigem, noch schnellerem und leichterem Material auf dem Markt wächst ständig und ist verführerisch. Entsprechend ändern die Bestimmungen für den Materialeinsatz im Wettkampf regelmässig. Eine Disqualifikation wegen eines Regelverstosses umgeht der Duathlet, indem er vorgängig die Materialvorschriften des Triathlon Verbandes detailliert studiert. **Er betreibt kein Material-Doping** und will unbedingt vermeiden, gegen den Fair-Play-Kodex zu verstossen und oder als Material-Dopingsünder bezeichnet zu werden. Der Duathlet versteht, dass es letztlich der Faktor Mensch mit seiner aerodynamischen Position auf dem Rad ist, welcher das allerbeste Kosten/Nutzen Leistungsverhältnis bietet.

Die erfolgreiche Meisterung eines Duathlons mit mehreren Disziplinen und unterschiedlichem Materialeinsatz fasziniert den Duathleten. Da er sich als Sportler ständig optimieren und verbessern will, setzt er sich messbare Ziele und arbeitet fokussiert und hart für deren Erlangung. Sein oberstes Gebot ist die Zielerreichung, unabhängig von derer Komplexität. Dazu benötigt er nicht nur viel Leidenschaft, sondern vor allem grosse Disziplin und den Mut, selbstbestimmend zu bleiben. Der **Duathlet ist ein selbstbestimmender Vollstrecker.** Bei jeder noch so kleinen Zielerreichung stärkt er sein Selbstvertrauen zusätzlich. Dies spornt ihn wiederum an, noch ambitioniertere Ziele zu definieren, was als Beispiel die Teilnahme an einem längeren Wettkampf oder an einer nationalen / internationalen Meisterschaft sein könnte.

Nationenparade an der Duathlon Weltmeisterschaften in Targu Mures, ROM 2022

Um noch schneller über unterschiedliche Distanzen Laufen und Radfahren zu können, trainiert der Duathlet speziell seine Ausdauerkraft. Dies ermöglicht ihm, möglichst lange linear hohe Wattzahlen auf dem Rad zu erreichen und auf beiden Laufabschnitten eine gute Körperspannung sowie einen stabilen Laufstil aufrecht zu erhalten. **Er hat eine sehr hohe Ausdauerkraft.** Seine Absicht im Training ist es, nicht die höchsten Spitzenwerte (neuromuskuläre Belastungen) regelmässig zu erreichen, sondern seine Ausdauerleistung möglichst lange knapp unter der anaeroben Schwelle zu halten. Er weiss, dass im Duathlon der Schlusslauf nochmals äusserst fordernd ist und ein Spurt auf der Zielgeraden über die Klassierung noch entscheiden kann. Der Duathlet beabsichtigt daher, den Zieleinlauf mit genügend Energie im Körper erleben, und geniessen zu können. Diese Belohnung für die wochenlange Vorbereitung möchte er sich keinesfalls entgehen lassen. Duathleten mit Ambition auf einen Podestplatz trainieren neben der Ausdauerkraft speziell die Sprintfähigkeit mit schnellen repetitiven Laufeinheiten (Intervalle), idealerweise auf einer 400m Laufbahn. Nur was ein Duathlet in seinen Muskeln und im Kopf gespeichert hat, kann er im Wettkampf entsprechend abrufen.

Grosse körperliche Herausforderungen zu meistern, ist nicht immer einfach. Der Duathlet versucht stetig, seine physischen Limiten zu verschieben. Damit ihm dies gelingt, trainiert er seine Ausdauerleistung an der Grenze zur anaeroben Schwelle. Bewegt er sich zu lange im anaeroben Bereich, im Zustand des sogenannten Overpacing, büsst er dafür im weiteren Verlauf eines Wettkampfs mit übersäuerten Muskeln und Leistungsabfall. Das Wetter kann kurzfristig ändern und Regenschauer, Wind oder Hitze verändern die aktuelle Situation. Der Duathlet verfügt über die Fähigkeit, flexibel auf Körpersignale und Umweltveränderungen zu reagieren. **Er ist ein versierter und erfahrener Krisenmanager** und legt sich vorgängig alternative Pläne mit reduziertem Tempo zurecht, um das Ziel irgendwie noch wohlauf erreichen zu können. Als guter Krisenmanager trägt er jeweils eine kleine Notfallreserve (Verpflegung, Pannenmaterial, etc.) auf sich und kennt mentale Tricks und Hilfsmittel, um potenzielle Motivationsstörungen in kritischen Momenten meistern zu können. Mit seiner Erfahrung überbrückt er schwierige Situationen mit Leichtigkeit und Routine und holt jeweils das Beste aus einer misslichen Lage heraus.

Anita Appius fokussiert trotzt strömendem Regen am Linthathlon 2023

Die Duathlon-Saison dauert in Europa in der Regel etwa sechs Monate. In dieser Zeit bieten nur wenige Veranstaltungen dem Duathleten die Möglichkeit, seine sportlichen Höhepunkte und Ziele zu erreichen. **Der Duathlet ist ein erfahrener Planer.** Die Trainings- und Verpflegungsplanung helfen ihm, sich am Wettkampftag in seiner bestmöglichen Form zu befinden. Der Duathlet plant seine Reisen zu den unterschiedlichen Wettkampforten inklusive Materialtransport rechtzeitig und akribisch. Da die Duathlon Saison oft bereits im Frühjahr startet, reisen ambitionierte Athleten gerne in den Süden ins Trainingscamp oder nutzen die Möglichkeit von Höhentrainings. Wertvolle und verlässliche Unterstützung in der Trainings-, Wettkampf- und Ernährungsplanung bieten nur sehr wenige erfahrene Duathlon Coaches in der Szene an.

Der Duathlet studiert rechtzeitig das Wettkampfreglement einer Veranstaltung und erstellt sich einen Zeitplan von der Ankunft am Wettkampfort bis zum Startschuss. Dabei verstreicht jeweils viel Zeit für das Check-In-Prozedere mit diversen anzubringenden Startnummern, Materialkontrollen, das Positionieren des Fahrrads und des persönlichen Materials in der Wechselzone sowie der Streckenbesichtigung und dem Warm-Up. Dem Duathleten ist es bewusst, dass schnell kleine Fehler mit unangenehmen Folgen passieren können, wenn er in der Vorbereitungsphase unter zu grossem Zeitdruck arbeiten muss. **Er ist ein exzellenter Time-Manager**. Sein Zeit-Management mit definiertem Countdown (zum Beispiel 120 Minuten) von der Ankunft am Wettkampfort bis zum Startschuss ist fordernd und wird durch ihn sorgfältig überwacht. Erfahrene Athleten empfehlen für einen Duathlon die doppelte Countdown Zeit eines Lauf- oder Radanlasses einzuplanen.

Der Duathlet arbeitet an einem kontinuierlichen Verbesserungsprozess und setzt sich immer wieder neue noch ambitioniertere Ziel. Mit seinem inneren Antrieb und der enormen Ausdauer strebt er ehrgeizig danach, seine Grenzen zu verschieben. **Er strebt unermüdlich nach Erfolg.** Für sein Schaffen erhält er Lob und Anerkennung aus seinem Umfeld. Solch freudiger Zuspruch steigert die Motivation und den Antrieb, um noch grössere Ziele erreichen zu wollen.

Um noch schneller und effizienter zu werden, übt der Duathlet wichtige Bewegungsabläufe repetitiv, bis diese zur Routine und Gewohnheit werden. Speziell in der Wechselzone ist sein Gehirn mit dem Wahrnehmungs- und Aufmerksamkeitsprozess unter hohem Wettkampf-Adrenalinausstoss äusserst gefordert. Um seine Konzentration maximal aufrecht zu erhalten, helfen dem Duathleten nun die immer wieder geübten schnellen Automatismen beim Sportartenwechsel. **Er verfügt über eine hohe Automatismus-Fähigkeit**, Dinge zu tun, ohne den Verstand mit den erforderlichen Details auf niedriger Ebene zu beschäftigen. Dadurch gewinnt er wertvolle Sekunden unter anderem in der Wechselzone.

Die persönlichen Leistungen im Duathlon werden in Watt oder Watt pro Kilogramm (Watt/kg), Geschwindigkeit (km/h & min/km), Schrittfrequenz (spm), Bodenkontaktzeit (ms), Schrittlänge, Trittfrequenz (rpm) und mittels Herzfrequenz (bpm) gemessen. Das sind wenige verlässliche Leistungsparameter, welche der Duathlet beachtet. Seine Devise lautet: **Schneller werden, mit mehr Entspannung!** Viele Duathleten nutzten für die Geschwindigkeits- und Leistungsmessung unterschiedliche elektronische Messsensoren, welche beim Laufen und Radfahren die gewünschten Informationen anzeigen und aufzeichnen. Mit der Unterstützung der kontinuierlichen Überwachung wird versucht, die Geschwindigkeit und Leistung immer mehr zu optimieren.

Das Power Profiling als leistungsdiagnostisches Tool dient im Radsport der Vorhersage von Wettkampfleistungen (Maximalwerte über die Zeitachse) und hilft die Trainingsintensitätsbereiche genauer zu bestimmen. Solche Erkenntnisse ermöglichen es, den Grossteil der Trainings in tieferen Belastungsbereichen durchführen zu können.

Der Duathlet liebt die Geschwindigkeitsoptimierung. Standortbestimmung seiner maximalen Leistungsfähigkeit unternimmt er auf persönlich ausgewählten Teststrecken für Laufen und Radfahren.

Mark Thomson fokussiert und hart am Limit, Uri Sprint Duathlon 2021

Fortschritt bedeutet für ihn, die Teststrecke mit tieferer Herzfrequenz schneller bewältigen zu können. Mit einer guten aerodynamischen Position beim Radfahren versucht er seinen Strömungswiderstandskoeffizient äusserst klein zu halten und dadurch etwas an Watt-Leistung einzusparen. Ein spezielles Augenmerk gilt dem aerodynamischen Helm. Dieser muss für ein schnelles An- und Abziehen geeignet sein.

Sein hohes taktisches Verständnis hilft dem Duathleten, die eigenen Energiereserven punktuell richtig einzuschätzen und einzusetzen. Da er in jedem Fall einen Leistungseinbruch verhindern will, muss er sich während des gesamten Wettkampfs taktisch sehr klug verhalten und die Messdaten beachten sowie auf seine Gefühle, seinen Verstand und seine innere Stimme hören. **Er ist ein versierter Taktiker** und wägt fortwährend ab, ob Zurückhaltung und Geduld allenfalls die bessere Option darstellen oder inwieweit ein Angriff bis ins Ziel ihm einen Vorteil bringen könnte. Duathleten kennen ihre Stärken und Schwächen sehr gut und dementsprechend bauen sie ihre Renntaktik auf.

Der Duathlet ist ein Meister der Flexibilität. Die Realität zeigt, dass weltweit keine zwei genau gleichen Rennen stattfinden. Jedes Rennen hat unterschiedliche Rennbedingungen, Regeln, Streckenprofile, Wechselzonen und meteorologische Bedingungen. Es werden ebenfalls andersformatige Duathlon-Veranstaltungen wie Run-Bike, Bike-Run sowie Cross Duathlons mit dem Mountainbike angeboten. Um mehrere Rennen in einem Jahr bestreiten zu können, benötigt der Duathlet eine sehr hohe Flexibilität. Er liebt die Vielfalt und Abwechslung und spezialisiert sich allenfalls auf kurze Renndistanzen mit einer Wettkampfdauer von 1-2 Stunden (Sprint) oder eher auf die Langdistanz mit über 3 Stunden Rennzeiten. Der Duathlet nimmt aufmerksam am offiziellen Race-Briefing teil. Kurzfristige Änderungen durch den Veranstalter sind, beispielsweise wetter- oder verkehrsbedingt, immer möglich. Er bleibt mental flexibel und kann sich dadurch schnell auf die neuen Gegebenheiten einstellen.

Duathlon ist eine sowohl physisch wie auch psychisch anspruchsvolle Sportart. Sie verlangt eine starke mentale Belastbarkeit. Körper und Kopf müssen über die gesamte Wettkampfdauer im Gleichgewicht bleiben. Vom Startschuss an geht es darum, die verschiedenen Disziplinen hintereinander möglichst hart an der persönlichen Grenze und ohne Einbruch meistern zu können, während man gegen Schmerzen und Erschöpfung kämpft. Dabei spielt die mentale Stärke eine sehr zentrale Rolle, damit im entscheidenden Moment, das immer wieder Trainierte abgerufen und umgesetzt werden kann. Einen Ausdauerwettkampf nahe am körperlichen Limit zu absolvieren, fordert dem Geist alles ab. Der Duathlet nutzt sein positives Mindset optimal aus. **Er reift zu einem mental staken Helden**. Jeder negative Gedanke ist störend und muss unter Stress und Belastung wieder ins Positive umgewandelt werden können. Aufgeben ist für den Duathleten keine Option, ausser es droht ihm eine körperliche Schädigung oder das Pech mit dem Material war zu gravierend. Das Mentaltraining unterstützt ihn, mit den Gedanken im positiven Bereich zu bleiben und definierte Ziele repetitiv zu erreichen. Die versiertesten Duathleten können einen Wettkampf in Gedanken bereits vor dem realen Rennen absolvieren und sehen und fühlen den freudigen Zieleinlauf. Diese Fähigkeit des Visualisierens ermöglicht ihnen, während des Wettkampfs voll konzentriert auf Unvorhergesehenes stetig reagieren zu können und die eigene Wettkampftaktik effektiver umzusetzen.

Daniel Parpan, Aeneas Appius & Mark Thomson mit gemeinsamer mentaler Aktivierung auf dem Transilvania Motor Ring, ROM 2019

Damit der Duathlet in der Wechselzone die Position seines Fahrrades unter Wettkampfstress findet, memorisiert der Duathlet in der Vorbereitung den zugewiesenen Standort und die Wegstrecken (Run-in, Bike-out, Bike-in, Run-out). Dazu läuft er die Wege zu und von seinem Wechselstandort mehrfach ab und sucht nicht entfernbare Markierungen (zum Beispiel Fahnenstangen, Lichtmaste, Werbetransparente etc.), die ihm zum sicheren Auffinden der Position im Wettkampf unterstützen. Er lernt die Wettkampfstrecke in kleine Segmente zu unterteilen, um das im Kopf vorbereitete Wettkampfprogramm bei Bedarf punktuell mit mentalen Aufhängern zu aktivieren (Anchoring). **Der Duathlet ist ein Meister der Visualisierung**. Er nutzt die Gelegenheit der vorgängigen Wettkampf-Streckenbesichtigung, damit potenzielle Gefahren wie Hindernisse, enge Kurven, rutschige und enge Partien, U-Turns, kritische Stellen, Streckenmarkierungen sowie die grünen und rote Linien bekannt sind. Mentale Anker helfen ihm, sich auf diese kritischen Punkte während des Wettkampfes rechtzeitig zu fokussieren.

Ein ultraschnelles Absteigen vor der roten Linie will geübt sein.

In Gedanken ist der Duathlet jeweils einige Schritte respektive Radumdrehungen voraus und in der Lage, x-fach geübte und mental gespeicherte Programme aus dem Unterbewusstsein abzurufen. Er repetiert mehrmals, was er vor und nach einem spezifischen Ereignis wie dem Wechsel der Disziplinen alles in der korrekten Reihenfolge erledigen sollte. **Der Duathlet denkt vorausschauend** und verschenkt keine Sekunden. Er bleibt hoch konzentriert und startet bewusst und mit Freude in die nachfolgende Sport-Disziplin.

Der Duathlet beweist Mut. Sich für mehrere Sportarten und Disziplinen mit unterschiedlichen Strecken und wenigen Rennen im Jahr zu begeistern und entsprechend zu exponieren ist mutig. Er kann sich an einem Rennen nicht in der Masse der Sportler verstecken und präsentiert sich bekanntlich als Solist. Dadurch wird er beachtet sowie bewundert und erhält wertvolle Unterstützungsbereitschaft. Diese Anerkennung hilft ihm, allfällige Gefühle der Unsicherheit schneller zu beseitigen.

Der Duathlet testet fortlaufend seine Grenzen in Bezug auf eine sichere und schnelle Handhabung des Materials unter verschiedenen Bedingungen sowie seine Leistungsfähigkeit. **Er benötigt als Wettkampfsportler eine kalkulierte Risikobereitschaft** für unterschiedliches Terrain, variable Wetterbedingungen und um kleine persönliche Fortschritte zu bewerkstelligen, ohne dabei die Grenzen seiner Fähigkeit zu überschreiten. Er versucht keine riskanten Manöver, welche mit einem Sturz enden könnten. Spekuliert er auf einen Sieg, so muss er hingegen mental bereit sein, im richtigen Moment ein höheres Risiko einzugehen.

Der Duathlet hat seine Sporen als Einzelsportler schon abverdient und wagt sich nun an noch mehr. Die auf dem Markt verfügbare Duathlon-Sportliteratur ist eher bescheiden. Als Exot in der grossen weiten Sportwelt schätzt er daher die Begegnungen mit den wenigen Gleichgesinnten umso mehr. Der ständige Dialog mit praxiserfahrenen Duathleten wird für ihn zu einem unabdingbaren Erfolgsfaktor. Der Duathlet studiert vor jedem Wettkampf die Ausschreibungsbedingungen und Vorgaben sehr seriös. **Er ist lernwillig und dialogfähig.** Nur dank seiner hohen Lernbereitschaft, Dialogfähigkeit und schnellen Auffassungsgabe sowie durch das Lernen mit Probieren und Tun (Learning by Doing) entwickelt er sich stetig weiter.

Wer die Leistungsfähigkeit seines Körpers optimal trainiert und ausreizt, achtet zwangsläufig auf eine gesunde Ernährung. Der Duathlet kontrolliert regelmässig sein Körpergewicht und entwickelt ein gutes Bewusstsein für den Zuckerkonsum. Seine Devise lautet:

Low sugar - more power!

In jedem Kohlenhydrat steckt Energie und genügend Proteine sind für die Ausdauermuskeln essentiell. Wie viel Energie ein Duathlet für die Meisterung eines Duathlons im geplanten Wettkampftempo braucht, gilt es individuell herauszufinden. Er setzt sich mit seiner Ernährung vor, während und nach einem Anlass tiefgründig auseinander. **Der Duathlet ist ein eigentlicher Energie-Freak.** Für den Wettkampf überlegt er sich den besten Verpflegungsplan. Zuvor übt er bei Wettkampfsimulationen die Flüssigkeitszufuhr und Nahrungsaufnahme der gewählten Produkte unter körperlicher Hochleistung. Er versucht immer, das Optimum zu erreichen und lernt aus Verpflegungsfehlern sehr schnell. Diese Erfahrung macht er lieber im Training wie im Rennen. Er versucht, einen Energieabfall während eines Rennens mangels ausbleibender oder falscher Ernährung unbedingt zu verhindern.

Der Duathlet beherrscht die schnelle Regeneration. Da er als Ausdauersportler mehrere Sportarten trainiert, steigt die Belastungszeit seines Körpers. Nur eine gute und schnelle Regeneration unterstützt ihn, seine Leistung mittelfristig zu steigern. Daher setzt er auf einen regelmässigen und ausreichenden Schlaf sowie einen adäquaten Trainingsumfang, der seinem Berufsalltag gerecht wird. Er nutzt die Ernährungspyramide, vermeidet regenerationsstörende Nahrungsmittel und ist beim Alkoholkonsum zurückhaltend. Bei Bedarf versorgt er seinen Körper zeitweilig gezielt mit allfällig notwendigen ergänzenden Nährstoffen (Supplementierung).

Der Duathlet überlegt sich akkurat, welches Material sich am besten für den Einsatz eignet. **Er ist clever bei der Materialauswahl und deren Nutzung.** Deshalb erkundigt er sich vorgängig über die passenden Anforderungen an Schuhe, Fahrrad (Rahmengrösse), Pedale,

elektronische Schaltung, Kettenblatt und Kassette, Aerolenker, Sitzposition, Bremssystem, Helm, Brille, Bekleidung und Messsensorik, unter anderem ebenfalls für einen reibungslosen und schnellen Sportartwechsel. Es sind die Details, welche ihn interessieren. Er wählt nicht den filigrantesten high-tech Carbonschuh aus. Bei der Wahl prüft er die Möglichkeit eines ultraschnellen Einsteigens und ob mit einer Gummizug-Spezialschnürung das Binden des Schuhs umgangen werden kann. Der Radschuh verfügt über eine Schnellverschlusslasche und wartet auf dem Pedal eingeklickt und mit einem Spanngummi in der richtigen Position befestigt auf das Einsteigen mit dem Fuss. Die Lasche ermöglicht ein unkompliziertes Schliessen und Öffnen des Schuhs während der Radfahrt. Er vertraut und liebt sein Material und nutzt es entsprechend bewusst und zielgerichtet. Ein Bike-Fitting wird für ein leistungsoptimiertes und aerodynamisches Radfahren gerne genutzt. Aus Missgeschicken lernt er schnell. Von Dritten hat er zudem erfahren, dass Ohrschmuck, Halsketten und Fingerringe im Wettkampf zu unnötigen Stresssituationen und Zwischenfällen u.a. beim Helmabziehen oder Hängenbleiben an Gegenständen führen können.

Der Duathlet gehört zu den motorisch und technisch versiertesten Sportlern. Er bestreitet mehrere Disziplinen und nutzt die Möglichkeiten seines Materials optimal aus. **Er hat viel Geschick und technisches Verständnis.** Insbesondere auf dem Zeitfahrrad versucht der Duathlet möglichst lange in einer aerodynamischen Position mit hoher Geschwindigkeit zu fahren, was eine filigrane Lenkkunst voraussetzt, und hohe Reaktionsfähigkeit erfordert. Ist er materialkundig, erkennt er rechtzeitig Schwachstellen und Abnutzungserscheinungen und kann sein Trainings- und Wettkampfmaterial selber warten. Sein technisches Verständnis ist bei der Aufzeichnung eines Duathlons mit den gewünschten Leistungsdaten von unterschiedlichen elektronischen Sensoren beim Laufen und Radfahren gefordert.

Der Duathlet hat schnell erfahren, dass er sich in seiner Randsportart primär über eine offene Dialogfähigkeit weiterentwickeln kann. **Er ist ein guter Netzwerker** und pflegt den regelmässigen Kontakt mit erfahrenen Experten aus unterschiedlichen Fachbereichen. Neben seinen direkten Ratgebern, Supportern und Gönnern im Duathlon sucht er sich weitere Vertraute, die ihn in seiner spezifischen Entwicklung im Laufen und Radfahren weiterbringen. Viele Duathleten sind

Mitglieder bei mehreren Sportvereinen. Der Duathlet behandelt seine Partner wohlwollend und mit Respekt. Sein persönliches Team unterstützt ihn gerne und freut sich, Erfolge gebührend mit ihm feiern zu dürfen. Erfahrene Duathleten nehmen gerne eine Patenrolle ein und stehen Duathlon Neueinsteigern und Rookies hilfsbereit mit Rat und Tat zur Seite. So wie sie selbst dies einmal erleben durften.

Notfallmässige Plattfuss-Reparatur durch Gregor Keiser als spontanen Helfer an der Duathlon Weltmeisterschaft Pontevedra, ESP 2019

Der Duathlet liebt seine Daten und Bilder. Nicht die Anzahl der erhaltenen Herzchen, Daumen oder Kudos auf den mittlerweile zahlreichen Online-Plattformen und in den sozialen Medien oder die erreichten KOM-Siege (King of Mountain) zählen für den Duathleten wirklich. Sie beflügeln ihn allenfalls zusätzlich und bereiten ihm Freude. Der Duathlet liebt es vielmehr, seine Trainings- und Wettkampfdaten akribisch zu analysieren. Aus der Analyse leitet er seine Optimierungspotentiale ab. Damit dies für ihn sehr einfach handhabbar ist, überlegt er sich, welche Sensordaten er benötigt und wohin diese transferiert werden sollen. Nur so kann er flexibel seine Leistungsdaten beim Laufen und Radfahren auswerten und die richtigen Schlüsse ziehen. Interessant kann zum Beispiel die Entwicklung des eigenen VO2Max Wertes beim Laufen und beim Radfahren über die Jahre hinweg sein. Viele schöne und bleibende Emotionen speichert der Duathlet in Gedanken und in seiner Gefühlswelt ab. Diese positiven Momente sind ihm enorm wichtig, da sie über viel Energiepotentiale verfügen. So hält er mit seinen Ereignisdaten die dazugehörenden Bilder und Videoaufnahmen fest, damit diese später schnell wieder auffindbar sind. Er nutzt bewusst die Leistungsdaten und Bilder für seine physische und psychische (mentale) Weiterentwicklung.

Komplexe Projekt meistern nur die wenigsten Menschen erfolgreich, da sie oft den Mut zur Umsetzung nicht aufbringen können. Wer sich an einen Duathlon wagt, will sein Vorhaben gewinnbringend erreichen, sei es als mutiger Finisher oder als Podest-Athlet. Der Duathlet verfügt über die Erfahrung, ein Projekt erfolgreich ins Ziel zu führen. Er lernt schnell aus Fehlern und Niederlagen. Er weiss, dass im Verlaufe einer Saison nur wenige Duathlon-Wettkämpfe zur Verfügung stehen und es keinen zweiten Versuch mehr gibt. Dies fordert ihn zielfokussiert zu arbeiten, um am Tag X erneut erfolgreiche reüssieren zu können. Die Ausfallquote der teilnehmenden Athleten in allen Altersklassen an einem Duathlon ist erfreulicherweise tiefer als 1%. **Der Duathlet verfügt über eine sehr ausgeprägte Gewinner-Mentalität.** Nur wer sich selbst besiegt, ist stark. Der Duathlet gehört mit seinem Winning Spirit zu den klassischen Gewinner-Typen.

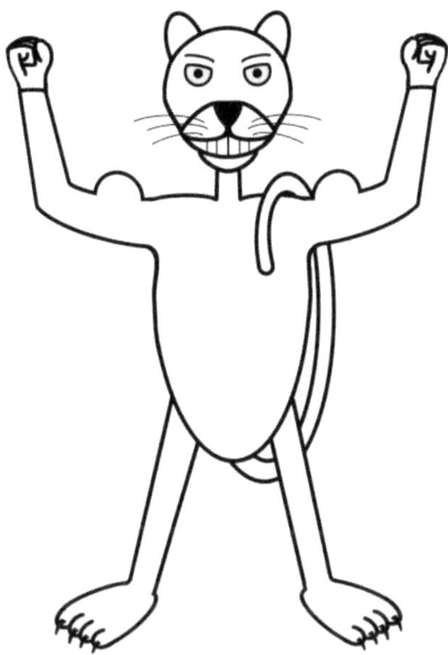

Es ist ein absolutes No-Go für den Duathleten, als preisberechtigter Finisher die persönliche Auszeichnung und Anerkennung auf dem Podest zu verpassen. Gegenüber dem Organisator und den Mitstreitern kommt ein solches Verhalten einer mangelnden Respektbekundung gleich. Der Duathlet hat immer die Grösse, mit seiner Teilnahme an der Rangverkündigung dem Veranstalter und den Mitstreitern die Wertschätzung zu gewähren. **Er ist geduldig und verteilt Lob und Anerkennung.** Für den Duathleten ist es eine grosse Ehre, einen Wettkampf bestreiten zu dürfen. Es ist ihm bewusst, dass die vielen ehrenamtlichen Helfer ihm wunderbare Erlebnisse an Veranstaltungen ermöglichen. Er ist eine äusserst dankbare Person und überrascht die Helfer und Gönner mit Herzlichkeit. Er freut sich ebenfalls über die Leistung seiner Mitstreiter und dankt ihnen für das Fairplay bei einem gemütlichen Zusammentreffen nach einem Rennen. Die aktuellen Helden der Duathlon-Szene sind Vorbilder für Jung und Alt. Von ihren Erfahrungen profitieren zu dürfen, ist nicht eine Selbstverständlichkeit. Der Duathlet bedankt sich aus diesem Grund liebenswürdig für einen Erfahrungsaustausch mit seinem Idol.

Der Willkommensgruss gehört im Mannschaftssport zur Selbstverständlichkeit zwischen den Teams. Der Duathlet trainiert hingegen spezifisch und oft alleine. **Er grüsst mit Freude andere Sportler**, sei es beim Radfahren oder beim Laufen. Die Duathleten grüssen sich mit einem Handschlag und wünschen sich gegenseitig vor einem Wettkampf viel Glück. Dies ist nicht nur eine Geste des gegenseitigen Respekts, sondern erinnert den Athleten zudem an den Fair-Play-Kodex.

Woman power mit Sandrine Benz, Anita Appius, Sina und Ursi Meier

WAS ÜBER DEN DUATHLETEN NOCH SO GESAGT WIRD

Wenn der Schmerz kommt,
beginnt der Duathlet zu lachen.

Der Duathlet ist ein Nichtschwimmer. Diese Aussage ist mutig. Duathleten wissen natürlich ebenfalls, dass Schwimmen gesund ist. Experten bestätigen heute, dass ein Duathlon mit Run-Bike-Run mental und physisch anspruchsvoller ist wie ein Triathlon mit Swim-Bike-Run. Der Duathlet nutzt die Nichtschwimmzeit, um seine Fähigkeit für zwei möglichst gleichschnelle Laufeinheiten zu verbessern. Dazu eignen sich Koppeltrainings. Er will damit sicherstellen, dass er beim abschliessenden Lauf nach den harten beiden ersten Run-Bike-Einheiten nicht einbricht. Triathleten haben eine Vorliebe für das Schwimmen entwickelt. Sie investieren sehr viel Zeit ins Schwimmtraining und vergessen oft, dass ihr Wettkampf ebenfalls mit einem schnellen Schlusslauf endet und die Laufzeit im Vergleich zur Schwimmzeit wesentlich länger ist.

Der Duathlet nutzt kurze Pausen. Beim Laufen oder Radfahren gibt es immer wieder Situationen, welche einen ultimativen Stopp verursachen. Ein geschlossener Bahnübergang, ein Rotlicht, ein parkierendes Auto, Kühe auf der Strasse etc. sind störend. Für den Duathleten sind dies allerdings alltägliche Situationen beim Training im öffentlichen Verkehr. Er bewahrt in solchen Momenten die innere Ruhe. Er stoppt seine Trainingsuhr, geniesst den kurzen Moment mit einer Verschnaufpause und etwas Verpflegung, entspannt seine Muskulatur und atmet kräftig durch. Schon bald beschleunigt er wieder voll konzentriert auf seine Trainingsgeschwindigkeit.

Der Duathlet denkt für andere im öffentlicheren Verkehr vorausschauend. Er wird mit seinem rasanten Tempo im öffentlichen Verkehr immer wieder unterschätzt. Um sich zu schützen, muss er vermehrt für andere Denken und Gefahren frühzeitig erkennen. Im Radtraining ist er auf Streckenabschnitte angewiesen, die ein schnelles Fahren in einer aerodynamischen Position ermöglichen. Radwege mit Fussgängern meidet er häufig, da die Unfallgefahr durch unaufmerksame Spaziergänger, Kinder und Hunde hoch ist. Aus Sicherheitsgründen fährt er vor einem Kreisel in die Strassenmitte und lässt keine Autos mehr passieren. Automobilisten bekunden oft wenig Verständnis und weisen liebend gerne zurecht. Dabei bemerken sie oft nicht, dass auch sie innerorts nicht über 30 oder 50km/h fahren dürfen. Bus- und Lastwagenfahrer brausen mit ihren 40-Tönnern auf der Landstrasse teilweise rücksichtslos an Radfahrern vorbei. Der Duathlet lernt, auf solche Situationen gefasst zu sein. Er weiss, dass der Windstoss eines vorbeibrausenden Autos auf seine Aeroräder treffen kann und dies zu Turbulenzen führt.

Der Duathlet signalisiert bemerkte Gefahren. Er kennt die Handzeichen der Signalisierung von Gefahren und wendet diese in Gruppenradfahrten und Gruppenläufen sowohl im Training wie im Wettkampf an. Es geht ihm um die Sicherheit aller. Er zeigt Gefahren rechtzeitig weiteren Athleten in seinem Rücken an. Die zu späte Bemerkung eines Steins, eines Lochs im Strassenbelag, einer Schwelle, einer sich stark schliessenden Kurve, einer Bahn- und Tramschiene, eines Pfostens, einer rutschigen Stelle, einer Absperrung oder eines geplanten Überholmanövers, kann verehrende Folgen verursachen.

Der Duathlet bevorzugt den Ästheten vor dem Poser. Der Arbeitsort eines Duathleten befindet sich in der Natur. Er geniesst die Schönheit und als Ausdauersportler und aerodynamischer Architekt versucht er sich mit der Topologie der Natur zu verschmelzen. Die Optimierung interessiert ihn und steht im Vordergrund. Unnötiges Material oder Gewicht behindert den Duathleten in seiner Absicht. Er fokussiert sich auf seine Leidenschaft und nicht auf die Zurschaustellung seines Materials. Er motiviert seine Mitmenschen mit emotionalen Erlebnis- und Leistungsberichten.

Der Duathlet ist ein stolzes Mitglied der Community.
Er bewegt sich in einer Sportblase mit wenigen Gleichgesinnten. Da
man sich mehrmals im Jahr an einem Duathlon trifft, kennt man sich.
Während eines Wettkampfs misst man sich als Konkurrent und danach
werden die Erlebnisse und Erfahrungen freudig austauscht. Jedes
Community-Mitglied zollt den Anderen gebührenden Respekt und
Anerkennung für die vollbrachte Leistung. Dadurch entsteht eine sehr
schätzenswerte, freundschaftliche und familiäre Atmosphäre. Viele
Duathleten pflegen den Kontakt während des Jahres auch an privaten
Anlässen. Die besten Freundschaften erwachsen immer aus gemein-
samen einmaligen Erlebnissen. Duathleten, welche sich sogar an
internationalen Meisterschaften messen, vertreten ihr Land als Duath-
lon-Botschafter. Die Community zollt ihnen den grössten Respekt,
achtet und ehrt sie gebührend.

Community Impression, Duathlon Schweizermeisterschaft Zug 2022

DANKSAGUNG

Dankbarkeit ist das Geheimnis des Glücks.
(Dalai Lama)

Mein Glück besteht darin, dass ich so vielen Menschen danken kann, die mich unermüdlich beim Schreiben, Gestalten und übersetzten dieses Buches unterstützt und motiviert haben. Speziell erwähnen möchte ich:

meine geliebte Gattin Anita Appius, meinen Lektor und Freund Marcel Nickler, meine Duathlon Freunde Stefan Marty, Mark Thomson und Reini Pöllinger, meinen 91-jährigen Vater Guido Appius sowie meinen Sohn und Cartoonisten Tamino Appius.

Nachfolgende Gönner haben mit grosszügigen Spenden die Herausgabe dieses Buches finanziell unterstützt. Herzlichen Dank!

- ALTIUS Swiss Sportmed Center
- Appius Consulting
- Crespo.ch GmbH
- Interessensgemeinschaft (IG) Swiss Duathlon
- Powerman Zofingen, Duathlon World Championships

Die Freunde der IG Swiss Duathlon fördern den Duathlon Breitensport in der Schweiz. Weiter Informationen liegen auf der IG Website bereit. Die IG freut sich über viele Anregungen und über jede weitere spontane Gönnerschaft.

www.swissduathlon.ch

Benjamin Choquert, Duathlon Weltmeister Elite Pontevedra, ESP 2019
(Foto Fédération Française de Triathlon)

Mit seinen vielfältigen Fähigkeiten entwickelt
sich der Duathlet zu einem wertvollen und
verlässlichen Dynamo in unserer Gesellschaft.

www.duathlet.com